轻松吃透小古文

入门篇

刘志江　主编

化学工业出版社

·北京·

图书在版编目（CIP）数据

轻松吃透小古文．入门篇／刘志江主编．—北京：化学工业出版社，2024.10
ISBN 978-7-122-44059-4

Ⅰ．①轻… Ⅱ．①刘… Ⅲ．①文言文-小学-教学参考资料 Ⅳ．① G624.203

中国国家版本馆 CIP 数据核字（2023）第 161387 号

责任编辑：王新辉　赵玉欣　　　　　装帧设计：关　飞
责任校对：李露洁

出版发行：化学工业出版社（北京市东城区青年湖南街 13 号　邮政编码 100011）
印　　装：中煤（北京）印务有限公司
787mm×1092mm　1/16　印张 9　字数 100 千字
2025 年 1 月北京第 1 版第 1 次印刷

购书咨询：010-64518888
售后服务：010-64518899
网　　址：http://www.cip.com.cn

凡购买本书，如有缺损质量问题，本社销售中心负责调换。

定价：49.80 元　　　　　　　　　　　　　　　版权所有　违者必究

怎样学好小古文

古文,是古人日常生活和思想的记录,几千年前的人是怎么生活、怎么思考的呢?

你一定听过"守株待兔""揠苗助长""司马光砸缸"这一类故事吧?告诉你一个秘密:同样一个故事,你用白话文读到的和你通过古文读到的,那感觉可是完全不一样呢。

古文包含着我们的祖先经过世代相传保存下来的中华文化的精华,其中有很多优美的词句,读起来朗朗上口。读多了以后,当你在生活中想要表达某种情感或某个想法的时候,你就能脱口而出。面对雪景,别人只会说:"哇,太美了!"你就可以说:"山林屋宇,一白无际,顿为银世界!"别人说:"我要努力坚持。"你说出来的却是:"锲而不舍,金石可镂。"春天里你可以说:"杂花生树,群莺乱飞。"下雨天你会说:"晓雾渐浓,细雨如丝"……生活是不是一下子变得诗意起来?

你可能会说，古文太难了，我完全读不懂呢。没关系！只要你愿意读，你就一定能读懂，就像古人说的："书读百遍，其义自见。"意思是说，读书的时候如果遇到不懂的地方，多读几遍，自然就明白意思了。学古文最重要的一点，也是多读，哪怕现在不知道什么意思，只要记住了，早晚会明白，用的时候自然就会脱口而出了。

当然了，做任何事都是需要循序渐进的，为了帮你树立学古文的信心，我们选文时会从最简单的古文开始，它们可都是一百年前刚刚上学的小朋友学过的哟。这些小古文非常生动，相信你一定也会很快喜欢上。

每当读完一篇小古文，你一定会获取一些信息：写了哪些景物、哪些动物？讲了一件什么事？说了一个什么道理？如果你读懂了这些，那就做做后面的小练习"试一试"吧！如果你对小古文的意思还不太明白，那就看一看"精彩解说"和"名师点睛"，它们能帮你更好地理解这篇小古文。

如果你学完一篇小古文还意犹未尽，你也可以看看"日积月累"，这里面包含了和这篇小古文相关的一些知识，可以增长你的见识，如果你能把它们用在你的作文中，那就更棒了！

好了，关于学好小古文的方法，先介绍到这里。小古文的美妙需要你自己通过诵读去体会。赶紧开始吧！

编者

2023 年 3 月

看古人是怎么描写景物的

- 荷（选自民国老课本）/ 2
- 菊（选自民国老课本）/ 4
- 松（选自民国老课本）/ 6
- 茶（选自民国老课本）/ 8
- 桂（选自民国老课本）/ 10
- 杨柳（选自民国老课本）/ 12
- 芦花（选自民国老课本）/ 14
- 乡村（选自民国老课本）/ 16
- 雨（选自民国老课本）/ 18
- 雪（选自民国老课本）/ 20
- **春日寻芳**（选自民国老课本）/ **22**

- 草长莺飞（选自南北朝·丘迟《与陈伯之书》）/ 24
- 苏堤杂花（选自《西湖志》）/ 26
- 采菱（选自民国老课本）/ 28
- 采桑（选自民国老课本）/ 30

古人笔下的动物如此有趣

- 猫捕鱼（选自民国老课本）/ 34
- 母鸡（选自民国老课本）/ 36
- 龟兔竞走（选自《意拾喻言》）/ 38
- 蚁斗（选自民国老课本）/ 40
- 鹦鹉（选自民国老课本）/ 42
- 萤（选自民国老课本）/ 44
- 蟋蟀（选自民国老课本）/ 46
- 燕子（选自民国老课本）/ 48
- 狐假虎威（选自《战国策》）/ 50
- 鹬蚌相争（选自《战国策》）/ 53

会读书，才能有大智慧

- 读书（选自《古岩斋丛稿》）/ 58
- 学而时习之（选自《论语》）/ 60
- 三人行必有我师（选自《论语》）/ 62
- 好问（选自《刘孟涂集·问说》）/ 64
- 读书千遍，其义自见（南宋·朱熹《训学斋规》节选）/ 66
- 锲而不舍（选自《荀子》）/ 68
- 千里之行，始于足下（选自《老子》）/ 70
- 岁寒三友（选自民国老课本）/ 72
- 莫如树人（选自《管子》）/ 74
- 勤训（选自《恒斋文集》）/ 76
- 曹冲称象（选自《三国志》）/ 78

- 孔融让梨（选自《后汉书》）/ 81
- 望梅止渴（选自《世说新语》）/ 83
- 老马识途（选自《韩非子》）/ 86
- 程门立雪（选自《宋史》）/ 88

好笑的人，好笑的事

- 邯郸学步（选自《汉书》）/ 92
- 揠苗助长（选自《孟子》）/ 94
- 画龙点睛（选自《历代名画记》，有改动）/ 97

- 画蛇添足（选自《战国策》）/ 100
- 东施效颦（选自《庄子》）/ 103
- 郑人买履（选自《韩非子》）/ 106
- 买椟还珠（选自《韩非子》）/ 109
- 齐人攫金（选自《列子》）/ 112
- 刻舟求剑（选自《吕氏春秋》）/ 115
- 囫囵吞枣（选自《答许顺之书》）/ 118
- 滥竽充数（选自《韩非子》）/ 121
- 掩耳盗钟（选自《吕氏春秋》）/ 124
- 田夫献曝（选自《列子》）/ 127

"试一试"参考答案 / 130

看古人是怎么描写景物的

荷 (hé)

池中种荷,夏日开花,或①红或白。荷梗直立,荷叶形圆。茎横泥中,其名曰②藕。藕有节,中有孔,断之有丝。

(选自民国老课本)

关键字词

①或:有的。 ②曰:叫作。

精彩解说

池塘中种着荷花，每到夏天荷花开花，有红的，有白的。荷花的梗直立水中，荷叶的形状是圆的。荷花的根茎横着生长在泥中，叫作藕。藕有几节，中间有孔，折断后有丝。

名师点睛

这篇短文描绘了荷生长的环境、荷花的颜色、荷的组成部分，以及藕的特点，展现了一幅夏日荷塘图。

试一试

1. 读一读，在画"/"的地方停顿一下。

    茎 / 横泥中，其名 / 曰藕。

    藕 / 有节，中 / 有孔，断之 / 有丝。

2. 本文从植物的（   ）、（   ）、（   ）、（   ）四个部分，向我们介绍了一种植物，它是（   ）。

日积月累

江南可采莲，莲叶何田田。（汉乐府《江南》）

小荷才露尖尖角，早有蜻蜓立上头。（南宋·杨万里《小池》）

菊 jú

菊花盛开，清香四溢①。其瓣如丝、如爪。

其色或黄、或白、或赭②、或红，种类繁多。

性耐寒，严霜既③降，百花零落，惟④菊独盛。

（选自民国老课本）

关键字词

①溢：飘散。②赭：红褐色。③既：已经。④惟：只有。

精彩解说

菊花盛开的时候，香气四处飘散。它的花瓣呈丝状或是爪状。它的颜色有的黄、有的白、有的红褐、有的红，种类很多。（菊花）天生不怕寒冷，严霜来临的时候，其他的花都凋零了，只有菊花开得最为繁盛。

名师点睛

菊花清香四溢，颜色和种类多样，常在秋季盛开。古人常用菊花表达高洁的品质。

试一试

1. 猜一猜："或黄、或白、或赭、或红"中的"或"是什么意思？
   _____

2. 仿照原文，写一写你喜欢的一种花。
   _____花盛开，_____。其瓣如_____如_____。其色或_____或_____或_____。

日积月累

秋丛绕舍似陶家，遍绕篱边日渐斜。
不是花中偏爱菊，此花开尽更无花。（唐·元稹《菊花》）

松

松,大树也①。叶状如针。性②耐冷,虽③至冬日,其色常青④。干长而巨⑤,可以造桥,可以造屋。

（选自民国老课本）

关键字词

①也:"……也"在古文中表示判断句。

②性:本性。③虽:即使。④青:绿色。

⑤长而巨:又长又粗壮。

精彩解说

松树，是一种高大的树木。它的叶子形状似针，本性耐寒，即使到了冬天，叶子也是绿色的。松树的枝干又长又粗壮，可以用来建造桥梁，也可以用来建造房屋。

名师点睛

古人在诗文中写到松树，通常都是要表达人正直、坚贞的品质。同时松树也是长寿的象征。

试一试

1. 仿照原文写一写。

    松，大树也。 _____，_____也。

2. 文中写了松树的哪几个方面？（　　　　　）

    ①叶子　②颜色　③树干　④用处　⑤品性　⑥种植

3. 你知道松树还能做什么吗？

日积月累

大雪压青松，青松挺且直。

要知松高洁，待到雪化时。（现代·陈毅《青松》）

茶

茶树生山间，高数尺①。春时，采其嫩叶，焙②干之。用以③泡茶，味清而香。饮④之，可以解渴。

（选自民国老课本）

关键字词

①数尺：几尺。②焙：用微火烘烤。③用以：用来。④饮：喝。

精彩解说

茶树生长在山间，（可以长到）几尺高。春天时，采摘它的嫩叶，用微火烘干它。用来泡茶，味道清新而香甜。喝它，可以（用来）解渴。

名师点睛

这篇文章介绍了茶树的生长环境和形态（第一句）、制茶方法（第二句）、茶的用途（第三、四句）。

试一试

1. 仿照原文，写一种你知道的植物。

    茶树生山间，高数尺。＿＿＿＿生＿＿＿＿，＿＿＿＿。

2. 根据文章回答问题。

    （1）茶是在什么季节采摘？（　　　　）

    （2）茶味是什么样的？（　　　　）

日积月累

茶发源于中国，传说是神农氏发现的，历史非常悠久。茶最初是用来解毒的，后来演变成了饮品，不仅能解渴，还能使人内心平静。

桂

庭中种桂,其叶常绿。秋时开花,或深黄,或淡黄。每遇微风,浓香扑鼻,人咸①爱之。花落,取以和糖,贮②于瓶中,虽历久而香甚烈③。

（选自民国老课本）

关键字词

①咸：全，都。②贮：储存。③烈：强烈，浓烈。

精彩解说

庭院中种植桂树，它的叶子四季常绿。秋天开花，有的深黄色，有的淡黄色。每当微风吹来，花香浓郁扑鼻，人们都很喜欢它。等到花落时，把花和糖拌在一起，保存在瓶子里，即使长时间存放，香味却更加浓烈。

名师点睛

"桂"与"贵"同音，所以古人常以桂树寓意富贵。古代考试一般在秋天桂树开花之际，因此称应试及第（考中）为"折桂"。

试一试

1. "人咸爱之"中"咸"的意思是（　　　）。

   A. 咸味　　　　　　B. 都

2. "其"的意思是"它的"。"其叶"是"它的叶子"，它的根就可以说"＿＿＿"，它的果实就可以说"＿＿＿"。

日积月累

中庭地白树栖(qī)鸦，冷露无声湿桂花。

今夜月明人尽望，不知秋思落谁家。

（唐·王建《十五夜望月寄杜郎中》）

杨柳 (yáng liǔ)

杨柳，随处可种，临①水尤宜②。春初发叶，旋③开黄花。及④春末，叶渐多。花中结实，细而黑。蕊落，有絮绽出，质轻如棉，色白如雪，随风飞舞，散于各处。

（选自民国老课本）

关键字词

①临：靠近。②宜：适合。③旋：不久，很快。④及：到。

精彩解说

杨柳，到处都可以种，靠近水的地方更适合种植。初春时节杨柳会长出叶，不久开出黄花。到春天快结束时，叶子慢慢地增多。花中会结出又细又黑的果实。等到花蕊落了，会绽放出柳絮，像棉花一样轻盈，像雪花一样白，随着风到处飞舞，散落在每一个角落。

名师点睛

　　文中描写杨柳的果实细而黑,说明观察非常仔细。柳絮轻得像棉花,白得像雪,比喻也非常贴切。

试一试

1. 杨柳的花是＿＿＿色,果实是＿＿＿色,柳絮是＿＿＿色。

2. 根据文章内容判断正误。

   "质轻如棉,色白如雪"描写的是杨柳的花。（　　）

3. 写出下一句:有意栽花花不发,＿＿＿＿＿＿＿＿＿＿。

日积月累

碧玉妆成一树高,万条垂下绿丝绦(tāo)。
不知细叶谁裁(cái)出,二月春风似剪刀。

（唐·贺知章《咏柳》）

芦花

水滨①多芦荻②。秋日开花,一片白色,西风吹来,花飞如雪。

（选自民国老课本）

关键字词

①水滨：水边。②芦荻：芦苇和芦竹（荻）。两种形态近似的、生长在水边的植物。

精彩解说

水边生长着许多芦荻。（它们在）秋天的时候开花，一片白色，秋风吹来，花像雪一样飞舞着。

名师点睛

芦荻生长于河流、池沼近岸的浅水中，人们常用芦荻的秆来编制物品。它的根是中药，可清热解毒。

试一试

1. 试着用文中的句式写一写你熟悉的一种植物。

　　_____多_____。_____日开花，一片_____色，

_____，_____。

2. 花飞如雪，说明芦花是____色的。我还知道_____花是

_____色的，_____花是_____色的。

日积月累

"花飞如雪"将花瓣比作雪花。古诗词中常将雪与花相互比喻。

白雪却嫌春色晚，故穿庭树作飞花。（唐·韩愈《春雪》）

去年相送，余杭门外，飞雪似杨花。（北宋·苏轼《少年游》）

乡村

乡间农家，竹篱①茅屋②，临水成村。水边杨柳数株③，中夹桃李，飞燕一双，忽④高忽低，来去甚捷⑤。

（选自民国老课本）

关键字词

①竹篱：竹子做的篱笆。②茅屋：用茅草盖的屋子。③株：棵。④忽：一会儿。⑤捷：迅速。

精彩解说

在乡村，人们用竹子编扎篱笆，用茅草盖成房屋，邻近水边而形成村落。水边有几棵杨柳，中间还夹杂着桃树和李树，两只燕子在树丛间翻飞，一会儿高飞，一会儿低落，飞来飞去非常迅速。

名师点睛

这篇小古文描写了竹篱、茅屋、杨柳、桃树、李树、燕子，呈现了一幅宁静而又活泼的乡村水墨画。

试一试

1. 文章写的是美丽的乡村景色，提到了哪些景物呢？

   （   ）（   ）（   ）（   ）（   ）（   ）

2. "来去甚捷"的"甚"意思是（   ）。

   A. 甚至　　　　　　B. 很，非常

日积月累

茅檐(yán)低小，溪上青青草。醉里吴音相媚(mèi)好，白发谁家翁媪(wēng ǎo)？大儿锄(chú)豆溪东，中儿正织鸡笼。最喜小儿亡(wú)赖，溪头卧剥莲蓬(lián peng)。（宋·辛弃疾《清平乐·村居》）

雨

今日天阴，晓①雾渐浓，细雨如丝。天晚雨止②，风吹云散，明月初出。

（选自民国老课本）

关键字词

①晓：早晨。②止：停止。

精彩解说

今天天气阴了下来，清晨的大雾渐渐地变浓了，雨如丝线般落下。晚上雨停了，风儿吹走了乌云，月亮又出来了。

名师点睛

这篇小古文虽只有短短两句，却描绘了下雨的一天：从天阴有雾到雨止天晴、明月初出。

试一试

1. 文中提到的景物，除了细雨，还有哪些？

   （　　　　）（　　　　　）（　　　　　　）

2. "细雨如丝"将细雨比作丝，你觉得细细的雨还像什么？

   细雨如_____　　　细雨如_____　　　细雨如_____

日积月累

细雨轻烟笼草树，斜桥曲水绕楼台。

（宋·欧阳修《浣溪沙·红粉佳人白玉杯》）

细雨湿衣看不见，闲花落地听无声。

（唐·刘长卿《别严士元》）

雪

冬日严寒，木叶①尽脱②，阴云四布，弥漫天空，飞鸦千百成群，未暮③归林。夜半，北风起，大雪飞。清晨，登楼远望，山林屋宇④，一白无际，顿⑤为银世界，真奇观也。

（选自民国老课本）

关键字词

①木叶：树叶。②脱：落。③暮：傍晚。④屋宇：房屋。⑤顿：顿时，一下子。

精彩解说

冬日非常寒冷，树叶全都落了，乌云笼罩着天空，成百上千的乌鸦在空中飞，还没有天黑就回到栖息的树林。半夜的时候，刮起了北风，大雪纷纷扬扬地下了起来。早晨，登上楼台向远处眺望，树林和房屋，白茫茫的一片，顿时成了银装素裹的世界，真是奇观啊。

名师点睛

冬天傍晚暮鸦归林的萧瑟景象，与清晨登高远望一片银色世界，形成鲜明对比。

试一试

1. 雪后早晨看到的景象是什么？（用原文回答）

   _____，_____，_____。

2. 表达作者兴奋之情的句子是：_____。

日积月累

白居易在半夜时分听到外面下雪，写下了这首《夜雪》。

已讶衾（yà qīn）枕冷，复见窗户明。

夜深知雪重（zhòng），时闻折竹声。

春日寻芳

时①芳草②鲜美，儿童放纸鸢③于村外；春花绚烂④，妇女戏秋千于杏院。小姊妹或三三五五踏青陌⑤上，寻芳水滨。桃红柳绿，日丽风和，一年节令⑥，此为最佳时也。

（选自民国老课本）

关键字词

①时：这个时节。②芳草：带有香味的花草。③纸鸢：风筝。④绚烂：颜色丰富，让人眼花缭乱。⑤陌：田间小路。⑥节令：节气，时令。

精彩解说

正值花草鲜艳美丽的时节,孩子们在村外放风筝,妇女们在开满绚丽春花的庭院中荡秋千。有些小姐妹三五结伴到郊外踏青,在水边寻找好看的花草。桃红柳绿,风和日丽,一年之中,这时候是最好的时节了。

名师点睛

桃红柳绿,花儿竞相开放,在风和日丽的日子里,人们放风筝、荡秋千、结伴踏青,此时确实是一年中最好的时节。

试一试

1. 用"/"给下面的语句画出朗读节奏。

   时 芳 草 鲜 美 , 儿 童 放 纸 鸢 于 村 外 。

2. 儿童在村外_____。妇女在杏院_____。

   小姊妹在陌上_____。

日积月累

胜日寻芳泗(sì)水滨,无边光景一时新。

等闲识得东风面,万紫千红总是春。

（南宋·朱熹(xī)《春日》）

草长莺飞

暮春①三月,江南②草长,杂花生树③,群莺④乱飞。

(选自南北朝·丘迟《与陈伯之书》)

关键字词

①暮春:春天的最后一段时间。②江南:泛指南方地区。③杂花生树:树上各种各样的花竞相开放。④群莺:各种小鸟。

精彩解说

晚春三月，江南地区草木茂盛滋长，树上各种各样的花竞相开放，各种小鸟在空中飞舞。

名师点睛

四个短语就把江南三月的春天像画卷一样展开在我们眼前。花木茂盛，蝶舞鸟鸣，一派生机勃勃的景象。

试一试

1. 春季有三个月，第一个月叫孟春，第二个月叫仲春，你知道第三个月叫什么吗？

   （　　　　）

2. 除了草长莺飞、杂花生树，你还能用哪些词描绘春天？

日积月累

草长莺飞二月天，拂(fú)堤(dī)杨柳醉(zuì)春烟。

儿童散学归来早，忙趁东风放纸鸢(yuān)。

（清·高鼎(dǐng)《村居》）

苏堤杂花

苏公堤，春时晨光初起，宿雾①未散，杂花生树，飞英蘸波②，纷披掩映，如列锦铺绣③。览胜者咸谓④四时皆宜，而春晓⑤为最。

（选自《西湖志》）

关键字词

①宿雾：前一夜的雾。宿，隔夜的。②蘸波：指落花沾在水面。③锦、绣：锦和绣都是精美鲜艳的丝织品。④咸谓：都说。咸，全，都。谓，说。⑤晓：早晨。

精彩解说

西湖苏堤，春天里晨光刚露，夜里的雾还没散去，树上各种花盛开着，飞落的花瓣沾在碧波之上，花枝

错杂、相互掩映，就像铺满锦绣。前来欣赏美景的人都说(这里的风景)一年四季都很美，然而春天的早晨最美。

名师点睛

苏堤上树木繁盛，花儿竞相开放，还隐约能看到远处的雷峰塔。西湖的春景真让人如痴如醉啊！

试一试

1. 读一读，在画"/"的地方停顿一下。

   览胜者/咸谓/四时皆宜，而/春晓为最。

2. 如果有机会到苏堤旅游，你会选择什么季节？为什么？

日积月累

孤山寺北贾(jiǎ)亭西，水面初平云脚低。
几处早莺争暖树，谁家新燕啄(zhuó)春泥。
乱花渐欲迷人眼，浅草才能没(mò)马蹄(tí)。
最爱湖东行不足，绿杨阴里白沙堤。

（唐·白居易《钱塘湖春行》）

采菱[1]

小村旁,有菱塘,广[2]约十亩,塘水澄清[3]。夏秋之间,菱初熟,浮于水上,或青或红。村中女子,邀邻伴,划小舟,同往采菱。

(选自民国老课本)

关键字词

[1]菱:菱角。[2]广:面积。[3]澄清:清澈明净。

精彩解说

小村的旁边，有一片种菱角的池塘，面积大约有十亩，塘里的水澄清明净。夏秋之间，菱角刚刚成熟，漂在水面上，有的是青的，有的是红的。村里的女孩子，邀请邻居玩伴，划着小舟，一起去采菱角。

名师点睛

划着小船去池塘里采摘菱角，一幅多么美妙的南方水乡生活图啊！

试一试

1. 菱塘的位置是在_____，大小有_____，特点是_____。菱成熟的时间是_____。

2. 从文章中，你感受到乡村生活是什么样的？（   ）

    A. 自由自在，快乐无比　　　　B. 忙忙碌碌，十分充实

日积月累

小娃 撑(chēng) 小艇(tǐng)，偷采白莲回。
不解藏(cáng)踪迹(zōng jì)，浮萍一道开。

（唐·白居易《池上》）

采桑

种桑数亩,春日发芽,芽渐大而成叶。农家妇女,携①剪刀与筐,同往采桑,以为饲②蚕之用。

(选自民国老课本)

关键字词

①携:带。②饲:养。

精彩解说

种几亩桑树,春天时桑树发芽,芽逐渐长大成为新叶。农家妇女带着剪刀和筐,一起去采桑叶,用它来养蚕。

名师点睛

采桑养蚕,是南方地区最常见的生活图景。虽然文中只写了妇女们采桑,但我们可以想象她们回到家用桑叶养蚕的场景,一定很有趣。

试一试

1. "春日"在文中的意思是(　　　　)。

　　①春季　　　②春天的太阳

2. 结合小古文内容,下列词语的正确顺序应该是_____。

　　①采桑　　　②长叶　　　③种桑　　　④发芽

日积月累

采桑复采桑,无嗟(jiē)为蚕饥。

食君筐中叶,还君机上丝。

（唐·潘纬《蚕妇吟》节选）

古人笔下的动物
如此有趣

猫捕鱼

缸中有金鱼，一猫伏①缸上，欲②捕③食之，失足坠④水中，急跃起，全身皆⑤湿。

（选自民国老课本）

关键字词

①伏：趴着。②欲：想要。③捕：捉、逮。④坠：落，掉下。⑤皆：全，都。

精彩解说

鱼缸里有金鱼，一只猫趴在缸边，想把鱼捉住吃掉，（猫）不小心掉到了水缸里，急忙跳了出来，（可是）全身的毛都已经湿透了。

名师点睛

猫全神贯注地盯着缸里的金鱼,完全忘记了眼前的危险。想象一下,猫全身湿透后惊吓逃跑的样子,一定十分狼狈好笑吧。这也提醒我们,志在必得的时候不要忽视可能出现的危险。

试一试

1. 猫捕鱼的顺序应该是(　　　　　　)。

    ①一猫伏缸上　　②急跃起,全身皆湿

    ③缸中有金鱼　　④欲捕食之,失足坠水中

2. "欲捕食之"中"之"的意思是(　　　)。

    A. 猫　　　B. 鱼　　　C. 没有实际意义

3. 这篇小古文写了一件什么事?用自己的话写出来。

___

日积月累

功亏一篑(kuì)。(出自《尚书》)(比喻做一件事只差最后一点努力而未能完成,多含惋惜之意。)

母鸡

母鸡孵卵①,数周成雏②。随母出行,未尝③远离。母鸡每得食,必先唤其雏。若遇猫、犬,尽力护之。与父母之爱子无异④。

（选自民国老课本）

关键字词

①卵：蛋。②雏：幼小的,此处指刚孵出来的小鸡。③未尝：从来不。④异：区别,不同。

精彩解说

母鸡孵蛋,几周之后孵出小鸡。小鸡跟随母鸡出行,从来不会远离母鸡。母鸡每次得到食物,必定要先呼唤

它的小鸡。如果遇到了猫和狗,母鸡会竭尽全力保护自己的孩子。(这)和父母爱自己的孩子没有什么区别。

名师点睛

母鸡带领小鸡出行总是时刻小心看顾,发现食物后呼唤小鸡的画面十分温馨。可以想象一下,如果这时候有人靠近,母鸡会怎么做呢?

试一试

1. 试着用"/"给句子划分朗读节奏。

   与 父 母 之 爱 子 无 异。

2. 小鸡遇到危险时,母鸡是怎么做的?(用原文四个字回答)

   _____

3. "若遇猫、犬,尽力护之"中的"之"指的是(　　　)。

   A. 猫、犬　　　　B. 小鸡

日积月累

母鸡伏得两凫(fú)雏(chú),驯(xùn)食庭除不待呼。
水浴泥行随分足,不知鸥(ōu)鹭(lù)有江湖。

(南宋·王炎《小凫》)

龟兔竞走

龟与兔竞走①。兔行速,中道②而眠③,龟行迟,努力不息④。及⑤兔醒,则龟已先至矣。

(选自《意拾喻言》)

关键字词

①竞走:赛跑。②中道:中途。③眠:睡觉。④息:停下来。⑤及:等到。

精彩解说

乌龟跟兔子赛跑，兔子跑得很快，却在中途睡觉，乌龟跑得慢，却总是不停地跑。等到兔子醒来，乌龟已经到了终点。

名师点睛

这个故事告诉我们：不可轻视他人。虚心使人进步，骄傲使人落后。要踏踏实实地做事情，半途而废是没办法取得成功的。

试一试

1. 文中有两组反义词，请你找出来。

（　　）——（　　）　　（　　）——（　　）

2. 分别用文中的一个词回答。

（1）兔子失败的原因是：_____

（2）乌龟获胜的原因是：_____

3. 你从这个故事中受到什么启发？

_____

日积月累

行百里者半九十。（出自《战国策》）（一百里的路程走到九十里只能算走了一半。比喻做事情要坚持到底，不松劲。）

蚁斗

蚁居①穴②中，性③好斗。一日，黄蚁黑蚁，成群而出。列阵④于阶前，各据⑤一方。蚁王率之。群蚁皆奋斗，至死不退。

（选自民国老课本）

关键字词

①居：住。②穴：洞。③性：天性，本性。④列阵：布列阵势。⑤据：占有。

精彩解说

蚂蚁住在洞中，天性喜欢争斗。一天，黄蚁和黑蚁成群结队地从洞中出来。它们在台阶前布列阵势，各自

占据一块地方，蚁王带领着它们。蚂蚁们奋力打斗，至死也不肯退让。

名师点睛

写这篇文章的，一定是一位非常善于观察且充满好奇心的人。他把蚂蚁列阵打斗、至死不退的"战斗"场面描绘得活灵活现，让我们也不免想去观察一番蚂蚁的世界呢！

试一试

1. 文中"奋斗"的意思是（　　）。

    A. 努力　　　　　B. 奋力争斗

2. 下面哪个词体现了蚂蚁的好斗？（　　　）

    A. 成群而出　　　B. 至死不退

3. 请用一个成语评价蚂蚁"好斗"的行为：_____。

日积月累

如果要论世界上最大的蚂蚁，那一定是公牛蚁。公牛蚁主要生活在澳大利亚，体长达到3.7厘米。

鹦鹉(yīng wǔ)

架上鹦鹉,白毛红嘴,时①学人言。有猫缘②柱而上,举爪将攫③之。鹦鹉惊呼曰:"猫来猫来。"童子闻声趋④至,猫急遁⑤去。

(选自民国老课本)

关键字词

①时:时常,经常。②缘:沿着,顺着。③举爪将攫:用爪子迅速抓取。④趋:快步走。⑤遁:逃。

精彩解说

架子上有一只鹦鹉,有着白色的毛、红色的嘴,经常学人说话。有一只猫顺着柱子往上爬,举起爪子要抓

它。鹦鹉吓得大叫道:"猫来了,猫来了。"孩子听到声音快步赶到,猫急忙逃走了。

名师点睛

猫抓鹦鹉,鹦鹉惊叫呼救的场面栩栩如生。想象一下,猫急忙逃走的样子一定十分滑稽吧。只要我们善于观察,在生活中也能发现这样有趣的场景。

试一试

1. 用"/"给下面的句子划分朗读节奏。

   有猫缘柱而上,举爪将攫之。

   童子闻声趋至,猫急遁去。

2. "有猫缘柱而上,举爪将攫之"的"之"指的是(　　)。

   A. 柱子　　　　B. 鹦鹉

3. 鹦鹉见猫抓它,有什么反应?

日积月累

莫恨雕(diāo)笼翠羽残,江南地暖陇(lǒng)西寒。

劝君不用分明语,语得分明出转难。(唐·罗隐《鹦鹉》)

萤①

萤，飞虫也。生于卑湿②之地，腹后有光。晚间，常见水边草际，微光闪烁，去来无定③，即④萤光也。

（选自民国老课本）

关键字词

①萤：萤火虫。②卑湿：地势低下潮湿。③无定：不定。④即：就是。

精彩解说

萤火虫是一种飞虫。它生活在地势低下潮湿的地方，腹部末端会发光。晚上，常常会看见水边或草地上有微弱的光在闪烁，来去不定，那就是萤火虫发出的光。

名师点睛

这篇小古文对萤火虫的描写细致入微。它是什么，在哪里，长什么样，有什么特点，都写到了。

试一试

1. 萤生于哪里？（　　　　）

    A. 水面　　　B. 卑湿之地　　　C. 草丛里

2. 以下哪一则谜语的谜底是萤？（　　　　）

    A. 形似小飞机，飞东又飞西，夏天吃蚊虫，还能报天气。

    B. 有位小姑娘，夏夜赶路忙，虽然行路难，自带小电棒。

    C. 一生都在忙，飞在百花乡，围着花儿转，花汁变蜜糖。

日积月累

的(dì)历①流光小，飘飖(yáo)弱翅轻。恐畏无人识，独自暗中明。

（唐·虞(yú)世南《咏萤》）

①的历：光亮、鲜明的样子。

蟋蟀

秋夜，有蟋蟀鸣①于墙下。弟问姊②曰："蟋蟀口小，鸣声颇③大，何也④？"

姊曰："蟋蟀有四翅，振翅发声，非以口鸣也。"

（选自民国老课本）

关键字词

①鸣：叫。②姊：姐姐。③颇：很。④何也：为什么。

精彩解说

秋天的夜晚，有蟋蟀在墙脚处鸣叫。弟弟问姐姐："蟋蟀的嘴巴那么小，叫声却那么大，为什么呀？"

姐姐说:"蟋蟀有四个翅膀,靠翅膀的振动发声,并不是用嘴鸣叫的。"

名师点睛

蟋蟀也叫作促织,因为它常在天气转凉后发出叫声,类似于古代织布机的声音,也是借此来提醒人们天气转凉了,需要织布做衣,准备过冬了。

试一试

1. 蟋蟀是用（　　）发声的。　　A. 口　　B. 翅　　C. 足

2. 古文中的量词很少见,如文中"蟋蟀有四翅"表示"蟋蟀有四个翅膀"。下面这些文言词,我们今天是怎么说的?

   二仆_____　　二犬_____　　四桥_____

   五车_____　　八马_____　　十花_____

3. "蟋蟀口小,鸣声颇大,何也?"（用现代汉语回答）

   _____

日积月累

札札草间鸣,促促机上声。（宋·梅尧臣《促织》节选）
（zhá zhá）

梧桐上阶影,蟋蟀近床声。（唐·白居易《夜坐》节选）

燕子

"燕子,汝①又来乎②。旧巢破,不可居。衔泥衔草,重筑新巢。燕子,待汝巢成,吾③当贺汝。"

(选自民国老课本)

关键字词

①汝:你。②乎:语气词,这里意思是"啊"。③吾:我。

精彩解说

燕子，你又来了啊。旧的鸟巢已经破了，不能居住。衔来泥和草，重新筑巢。燕子，等你的新巢筑好了，我应当祝贺你。

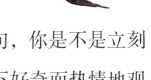

名师点睛

文中没有出现人，但只要读了第一句，你是不是立刻就在脑海中想象出了一个儿童站在屋檐下好奇而热情地观看燕子衔泥筑巢的画面？

试一试

1. 燕子为什么要筑新巢？（用原文回答）

　　_____，_____。

2. 将古今对应的词连一连。

    你　　　吾

    我　　　汝

3. 你见过燕子的巢吗？它们通常建在哪里？

日积月累

花过雨，又是一番红素。燕子归来愁不语，旧巢无觅处。

（南宋·李好古《谒金门·花过雨》节选）

yè

狐假①虎威

虎求②百兽而食之，得狐。狐曰③："子④无敢食我也。天帝使我长⑤百兽，今子食我，是逆⑥天帝命也。子以我为不信，吾为子先行，子随我后，观百兽之见我而敢不走⑦乎？"

虎以为然⑧，故遂⑨与之行。兽见之皆走。虎不知兽畏⑩己而走也，以为畏狐也。

（选自《战国策》）

关键字词

①假：假借，凭借。②求：寻找。③曰：说。④子：你。⑤长：掌管，率领。⑥逆：违背。⑦走：跑。⑧然：对的，正确的。⑨遂：于是。⑩畏：害怕。

精彩解说

老虎寻找各种野兽吃，抓到一只狐狸。狐狸说："你不敢吃我！天帝派我来做野兽的首领，现在你吃掉我，是违背天帝的命令。你若认为我的话是假的，我在你前面走，你跟在我后面，看各种野兽见了我有敢不逃跑的吗？"

老虎认为狐狸的话有道理，于是就和它一起走。野兽看见它们都逃跑了。老虎不知道野兽是害怕自己而逃跑的，以为它们是害怕狐狸。

名师点睛

"狐假虎威"讽刺了那些仗着别人威势而招摇撞骗的人，又嘲讽了那些被人利用而不自知的昏庸之人。告诫人们，要善于弄清真相，不然很容易被"狐假虎威"式的人蒙蔽。

> 试一试

1. 虎求百兽而食之。"求"的意思是（　　）。

    A. 请求　　　B. 寻找　　　C. 帮助　　　D. 需求

2. 下面两个"之"分别指的是什么？

    （1）故遂与之行（　　）　（2）兽见之皆走（　　）

    A. 狐狸　　　B. 老虎和狐狸

3. 下面哪些词可以用来形容狐狸？（　　）

    A. 急中生智　　B. 仗势欺人　　C. 以诚相待

> 日积月累

与"狐假虎威"这个成语意思相近的还有：

狗仗人势　　仗势欺人　　鼠凭社贵

"鼠凭社贵"的意思是：老鼠把窝做在土地庙下面，使人不敢去挖掘。比喻坏人仗势欺人。

鹬蚌①相争

蚌方②出曝③,而鹬啄其肉,蚌合而箝④其喙⑤。鹬曰:"今日不雨⑥,明日不雨,即⑦有死蚌。"蚌亦谓鹬曰:"今日不出,明日不出,即有死鹬。"两者不肯相舍⑧,渔者⑨得而并禽⑩之。

(选自《战国策》)

关键字词

①鹬：一种水鸟。蚌：生活在水中的一种软体动物。②方：刚刚。③曝：晒。④箝：把东西夹住。⑤喙：鸟的嘴。⑥雨：这里做动词，下雨。⑦即：就，便。⑧相舍：互相放弃。⑨渔者：以捕鱼为业的人。⑩禽：同"擒"，抓获。

精彩解说

一只河蚌刚刚从水里出来晒太阳，一只鹬飞来啄食它的肉，河蚌马上合拢夹住了鹬的嘴。鹬说："今天不下雨，明天不下雨，就会有一只死蚌。"河蚌也对鹬说："今天不放开你，明天不放开你，就会有一只死鹬。"它们两个互不相让，结果渔夫把它们一起捉住了。

名师点睛

这则寓言告诫人们：做事要权衡得失，不要只想着对自己有利的一面，而要相互谦让，退一步海阔天空。如果一味地相互钳制，往往会顾此失彼，让他人钻了空子。

试一试

1. 试着用"/"给下面句子划分朗读节奏。

   两者不肯相舍,渔者得而并禽之。

2. 翻译句子:渔者得而并禽之。

   _____

3. 你能试着写写故事结局时三个不同角色的心理吗?

   被抓住的鹬:_____

   被抓住的蚌:_____

   得利的渔者:_____

日积月累

这个故事后来演变为一个成语:鹬蚌相争,渔翁得利。

会读书，才能有大智慧

读书

飞禽走兽，饥知食，渴能饮①，又能营②巢穴为休息之所③。其异④者，能为人言。惟⑤不知读书，故⑥终不如人。人不读书，则与禽兽何异⑦？

（选自《古岩斋丛稿》）

关键字词

①饮：喝。②营：建造。③所：住所。④异：灵异。⑤惟：只是。⑥故：所以。⑦异：区别，不同。

精彩解说

飞鸟走兽这类动物，饿了知道吃，渴了就去喝水，还能自己建造巢穴作为休息的场所。其中更灵异的，还能按照人的指示去行动。只是因为不知道读书，所以一直不如人。人如果不读书，那么和禽类兽类有什么区别呢？

名师点睛

就算是有些动物能模仿人说话，它们仍然不如人，因为它们不会读书。智慧从读书中来，因此我们要珍惜读书时光。

试一试

1. 用"／"给下面句子划分朗读节奏。

    人 不 读 书，则 与 禽 兽 何 异？

2. "其异者"中"其"的意思是（　　　　）。

    A. 其中　　　　B. 它

3. 飞禽走兽不如人的原因是（　　　　）（用原文回答）。

日积月累

读书破万卷，下笔如有神。（唐·杜甫）

学而时习之

子曰①:"学而时习②之,不亦③说④乎?有朋自远方来,不亦乐乎?人不知而不愠⑤,不亦君子⑥乎?"

(选自《论语》)

关键字词

①子曰:孔子说。②习:温习。③亦:也。④说:同"悦",愉快,高兴。⑤愠:怨恨,生气。⑥君子:道德修养高而有学问的人。

精彩解说

孔子说:"学了知识后,按时温习,不也很愉快吗?有志同道合的朋友从远方来,不也令人高兴吗?别人不了解自己,自己也不怨恨,不也是有德的君子吗?"

名师点睛

这里的"习"含有实践的意思,也就是要将所学的知识融入实践中,切不可简单理解为复习功课。

试一试

1. 用原文中的词语回答。

（1）孔子认为,学习要时常_____,才能_____。

（2）孔子认为有两件事很令人愉快,分别是_____和_____。

2. "学而时习之"中"而"的意思是（　　　）。

  A. 并且　　　　B. 但是

日积月累

《论语》是孔子及其弟子的语录集,距今2500多年了。古代将《大学》《中庸》《论语》《孟子》合称"四书"。

（yōng）

三人行①必有我师

子曰:"三人行,必有我师焉。择其善者②而从③之,其不善者而改之。"

(选自《论语》)

关键字词

①行:行走。②善者:好的地方,优点。③从:跟从,学习。

精彩解说

孔子说:"三个人同行,其中必定有值得我学习的老师。我选取他的优点而学习,如果发现他的缺点则引以为戒,并加以改正。"

名师点睛

文章讲的不仅仅是学习，也体现了与人相处的一个重要原则：随时注意发现并学习他人的长处，发现他人的缺点要引以为戒，这样自然就会更多地看到他人的长处，避免犯同样的错，彼此关系也会更和谐。

试一试

1. 用"/"给下面句子划分朗读节奏。

   择其善者而从之，其不善者而改之。

2. "择其善者而从之"中"之"的意思是（　　　）。

   A. 它　　　　B. 没有实际意义

3. "三人行，必有我师焉"是什么意思？

日积月累

"三人行"的"三"不是只有三个人，它是个虚数，表示很多。再如"三番五次""三人成虎""三思而行"等，这些词语中的"三"都是虚指。

好问
hào wèn

君子之学必好问，问与学，相辅而行①者也。非学无以致疑②，非问无以广识③。好学而不勤问，非真能好学者也。

（选自《刘孟涂集·问说》）

关键字词

①相辅而行：相辅相成地进行。②致疑：提出疑问。③广识：增加知识。

精彩解说

君子学习一定要喜欢提问，提问和学习是相辅相成

地进行的。不学习就无法提出疑问，不提出疑问就无法增加知识。喜欢学习却不多问，并不是真的好学。

名师点睛

不懂就问，有疑惑就要主动向懂得的人请教，这才是学习的正确态度，才能学得深入广博。你在学习中、生活中是不是一个好问的人呢？

试一试

1. "无以致疑""无以广识"中"以"的意思是（　　　）。

　　A. 以为　　　　　B. 用来

2. 学与问的关系是（　　　）。

　　A. 先问才能学　　B. 相辅而行

3. 文中有两处"者也"，意思是（　　　）。

　　A. 的人　　　　　B. 判断句的标志

日积月累

"君子"在古代指地位高的人，后来指有学问、有修养、品德高尚的人，有时候也用于对别人的尊称。

读书千遍,其义自见①

凡②读书……只是要多诵遍数,自然上口,久远不忘。古人云:"读书千遍,其义自见。"谓读得熟,则不待解说,自晓③其义也。

(南宋·朱熹《训学斋规》节选)

关键字词

①见:同"现",显现。②凡:只要,凡是。③晓:知道,明白。

精彩解说

凡是读书……只要多读几遍,就自然而然顺口而出,

即使时间久了也不会忘记。古人说:"书读的遍数多了,它的意思自然会显现出来。"就是说书读得熟了,那么不依靠别人解释说明,自然就会明白它的意思了。

> **名师点睛**
>
> 读不懂书,一个重要原因就是读得遍数少了。我们在读书的时候如果不明白,那就不妨多读几遍吧。

> **试一试**

1. 怎样读书才能"久远不忘"?(用原文四个字回答)

2. "谓、言、曰"都是说的意思,你能从本文中找一个这样的词吗?

3. 请你从文中找出一个和"读"意思相同的词。

日积月累

读书有三到,谓心到、眼到、口到。(南宋·朱熹《训学斋规》)

温故而知新,可以为师矣。(春秋·孔子《论语》)

锲¹而不舍

骐骥²一跃,不能十步;驽马³十驾,功在不舍④。锲而舍之,朽木不折;锲而不舍,金石⑤可镂⑥。

(选自《荀子》)

关键字词

①锲:雕刻。②骐骥:骏马。③驽马:劣马。④舍:放弃。⑤金石:金属和石头。⑥镂:雕刻。

精彩解说

骏马跳跃一次,也不能有十步远;劣马奔跑十天(也

能跑很远），在于坚持不懈。雕刻一下便放弃，即使是腐朽的木头也不能被折断；持之以恒地雕刻，即使是金石也能被雕刻出花纹。

名师点睛

作者先后以"骐骥"与"驽马"、"朽木"与"金石"作对比，充分显示出"不舍"对于学习的重要意义，告诉我们学习要善于积累的道理。

试一试

1. 文中与"骐骥"相反的一个词是（　　　　）。

2. "驽马十驾"中"驾"的意思是（　　　）。

　　A.拉车　　　B.一天的路程

3. 即使条件不好，只要坚持不懈，也能到达目标。文中有一句话说的就是这个道理。这句话是：_____，_____。

日积月累

书山有路勤为径，学海无涯苦作舟。（唐·韩愈）

千里之行，始于足下

合抱①之木，生于毫末②；九层之台，起于累土③；千里之行，始于足④下。

（选自《老子》）

关键字词

①合抱：双臂环抱，形容树很粗。②毫末：细小的芽。③累土：一小部分一小部分地增加泥土。累，堆积、聚集。④足：脚。

精彩解说

粗大的树,是由细小的芽长起来的;高大的坛台,是由一筐筐的泥土积累起来的;千里的行程,是从脚下一步步走出来的。

名师点睛

任何成功都源于具体的努力,只有不懈地坚持,扎扎实实一步一步地做,由小而大,进行量的积累,才能引起质的变化,从而取得成功。

试一试

1. 毫末、累土、足下都有一个共同点,是(　　　)。

   A. 都很低　　　B. 都很微小

2. 文中几处"于"的意思是(　　　)。

   A. 在　　　B. 自

3. 文中三句话用了(　　　)的写法。

日积月累

"足下"在文中是脚下的意思。在古文中,"足下"更多时候是平辈或是朋友之间的敬称,意为"您"。

岁寒三友

儿侍①父,立庭前。见梅树著②花,松竹并茂,儿问曰:"霜雪之时,他树③多枯落,何以④三者独否?"父曰:"其性皆耐寒,与他树不同。古人称岁寒三友,即松、竹、梅也。"

(选自民国老课本)

关键字词

①侍:侍奉。②著:开着。③他树:别的树。④何以:为什么。

精彩解说

儿子站在庭院前侍奉父亲。看见梅树开着花,松树和竹子也很繁茂,儿子问:"霜降下雪的时候,别的树木大多都枯萎了,为什么这三者没有枯萎呢?"父亲说:"它们的品性都能抵抗严寒,和别的树木不一样。古人把它们称为岁寒三友,即松树、竹子、梅树。"

名师点睛

岁寒三友是高洁品质的象征。人们也常用它们来表达不畏艰险、迎难而上的精神。

试一试

1. "松竹并茂"中"并"的意思是(　　　)。

　　A. 并且　　　　B. 一起

2. "其性皆耐寒"中"其"指的是(　　　)。

　　A. 松、竹　　　　B. 松、竹、梅

3. 岁寒三友的共同特点是(　　　　)。

日积月累

梅花、兰花、翠竹、菊花被称为"花中四君子"。

莫如树①人

一年之计②,莫如树谷;十年之计,莫如树木;终身之计,莫如树人。一树一获③者,谷也;一树十获者,木也;一树百获者,人也。

(选自《管子》)

关键字词

①树:栽种。②计:计划。③获:收获。

精彩解说

为一年做打算，没有比种谷物更好的；为十年做打算，没有比种树更好的；要为长远打算，没有比培养人才更好的。种谷物，种一次有一份收获；种树木，种一次有十份收获；培养人才，却可以得到百倍的回报。

名师点睛

作者通过这几句话想要表达的是，要充分认识到人才的重要性，培养人才虽然很不容易，但那是长远之计。

试一试

1. "莫如"的意思是（　　　　）。

2. 为长远打算，最好的方法是什么？（　　　）

　A. 种树　　　　B. 培养人才

3. "树人"有什么好处？（用原文四个字回答）

日积月累

本文演变出一个成语"十年树木，百年树人"。其用来指培养人才是长久之计，也指培养人才很不容易。

勤训

治生①之道，莫尚乎勤。故邵子②云："一日之计在于晨，一岁之计在于春，一生之计在于勤。"

（选自《恒斋文集》）

关键字词

①治生：谋生。②邵子：指邵雍，北宋学者。

精彩解说

谋生的道理，没有比勤更重要的了。所以邵雍说："为一天打算要在早晨，为一年打算要在春天，为一生打算应当勤劳。"

名师点睛

时间是珍贵的，也是公平的，它不会给任何人多一分，也不会给任何人少一秒。唯有勤奋，方可不负美好年华。

试一试

1. 用"／"给下面句子划分朗读节奏。

   一日之计在于晨，一岁之计在于春，一生之计在于勤。

2. "莫尚乎勤"中"莫"的意思是（　　）。

   A. 不要　　　　B. 没有

3. "故邵子云"中"故"的意思是（　　）。

   A. 以前　　　　B. 因此

日积月累

业精于勤，荒于嬉(xī)。（唐·韩愈）

曹冲称象

曹冲生五六岁，智意①所及，有若成人之智。时孙权曾致②巨象，太祖③欲知其斤重，访之群下④，咸⑤莫能出其理。冲曰："置⑥象大船之上，而刻其水痕所至，称物以载之，则校⑦可知矣。"太祖大悦⑧，即施行焉。

（选自《三国志》）

关键字词

①智意：知识和判断能力。②致：送来。③太祖：即曹操。④群下：下属。⑤咸：都。⑥置：放。⑦校：比较。⑧悦：高兴。

精彩解说

曹冲长到五六岁的时候，知识和判断能力所达到的程度，可以比得上成年人（如一个成年人）。有一次，孙权送来了一头巨象，曹操想知道这象的重量，询问属下，他们都不能说出称象的办法。曹冲说："把象放到大船上，在水面所达到的地方做上记号，再让船装载其他东西，（当水面也达到记号的时候）称一下这些东西，那么比较一下（东西的总重量等于大象的重量）就能知道了。"曹操听了很高兴，马上让人照这个办法做了。

名师点睛

曹冲称象的故事告诉我们，人的智慧和年龄大小无关，最关键的一点，就是要善于对周围的事物进行观察、思考，要开动脑筋来想办法解决问题。只要善于思考，即便是小孩也能有大智慧。

试一试

1. 解释下面加点的词。

   （1）咸莫能出其理　（　　　）

   （2）太祖大悦　（　　　）

2. 下面哪句话能突出说明曹冲特别聪明？（　　　）

   A. 访之群下，咸莫能出其理　　B. 太祖大悦

3. 对"有若成人之智"这句话的正确理解是（　　　）。

   A. 可以比得上成人的智力　　　B. 有时候智力像成人

日积月累

"有志不在年高，无谋空言百岁。"（《封神演义》）

孔融让梨

融四岁,与诸兄共食梨,融辄①引小者。大人②问其故③,答曰:"我小儿,法当④取小者。"

(选自《后汉书》)

关键字词

①辄:就,总是。②大人:父亲。③故:原因。④法当:按理应当。

精彩解说

孔融四岁时,与众兄弟一同吃梨,总是挑小的梨。父亲问他原因,孔融说:"我年纪最小,应当拿小的梨。"

名师点睛

孔融让梨体现了爱幼的道德品质。道德品质融于日常生活、学习的方方面面,是每个人都应该知道并遵守的。

试一试

1. 孔融为什么每次都拿最小的梨？（用原文回答）

2. "大人问其故"中"大人"的意思是（　　　）。

   A. 成年人　　　　B. 父亲

3. 想象一下，如果父亲问孔融，弟弟比他小，为什么不把最小的给弟弟，孔融会怎么说？

日积月累

　　孔融让梨的故事，后来被写在了《三字经》中："融四岁，能让梨。弟于长，宜先知。"

望梅止渴

魏武①行役②,失汲道③,三军皆渴,乃令曰:"前有大梅林,饶子④,甘酸可以解渴。"士卒闻之,口皆出水,乘⑤此得及⑥前源⑦。

(选自《世说新语》)

关键字词

①魏武:曹操,他死后被追谥为魏武帝。②行役:行军。③汲道:取水的道路。④饶子:果子很多。⑤乘:利用。⑥及:到达。⑦前源:前方的水源。

精彩解说

魏武帝(曹操)带领军队赶路,找不到能取水的路了,全军将士都很口渴,(曹操)就传令说:"前面有个大梅林,结了很多梅子,酸甜能解渴。"士兵们听了,都流出了口水,利用这个终于撑到了前方的水源地。

名师点睛

曹操声称前面有一大片梅林等着大家,营造了一个良好的前景。梅子的酸性又刺激了将士们的味觉,缓和了士卒们的口渴感,最终撑到了水源地。由此可见曹操的领导才能。这个故事也启发我们,一个人只要对前景充满信心,抱有希望,就能激发动力,最终实现愿望。

试一试

1. "乃令曰"这句前面缺了主语谁,你认为是谁"乃令曰"?(　　)

　　A. 士兵　　　　B. 曹操

2. "士卒闻之"中"之"指的是(　　)。

　　A. 曹操　　　　B. 曹操说的话

3. 与"望梅止渴"意思相近的成语是(　　)。

　　A. 画蛇添足　　　B. 画饼充饥　　　C. 望眼欲穿

日积月累

本文收在《世说新语》的《假谲(jué)》篇中,"假谲"是虚假欺诈的意思。通过本文可知,曹操是一个善用权谋的人。

老马识途

管仲、隰朋从于①桓公而伐孤竹②，春往冬反，迷惑③失道。管仲曰："老马之智可用也。"乃放老马而随之，遂④得道。

（选自《韩非子》）

关键字词

①从于：跟随。②伐孤竹：攻打孤竹国。③迷惑：迷失。④遂：终于。

精彩解说

管仲和隰朋跟随齐桓公出征攻打孤竹国,春天去,冬天回,归途中迷失了道路。管仲说:"可以发挥老马的作用。"于是让老马在前面走,队伍跟在老马后面,终于找到了道路。

名师点睛

"老马识途"这个成语也可以说成"识途老马",意思是阅历多的人富有经验,熟悉情况,能起引导作用。

试一试

1. 用"/"给下面的语句画出朗读节奏。

    管 仲、隰 朋 从 于 桓 公 而 伐 孤 竹。

2. "乃放老马而随之"中"之"的意思是(　　　)。

    A. 军队　　　　B. 老马

3. 你能说出几个"老"字开头的成语吗?

日积月累

"征"和"伐"不同,"征"是统治者对于反叛下属的战争。"伐"就是攻打,不强调上下级的关系。

程门立雪

（杨时）一日见颐，颐偶瞑坐①，时与游酢侍立②不去。颐既觉③，则门外雪深一尺矣。

（选自《宋史》）

关键字词

①瞑坐：坐着打瞌睡。②侍立：在旁边站着等。③既觉：已经醒了。

精彩解说

杨时一天拜见程颐的时候,程颐恰好在坐着打瞌睡。杨时与游酢站在门外等着没有离开。等到程颐醒了,门外积雪已经一尺多厚了。

名师点睛

"程门立雪"的故事在宋代读书人中流传很广。后来形容尊敬老师、诚恳求教时,人们就引用这个典故。

试一试

1. "一日见颐"省略了主语,你认为是谁"一日见颐"?(　　)

　　A. 杨时　　B. 杨时和游酢

2. "既觉"中"既"的意思是(　　)。

　　A. 既然　　B. 已经

3. 你觉得杨时是个什么样的人?

日积月累

人无忠信,不可立于世。(北宋·程颐)

邯郸①学步②

昔③有学步于邯郸者，曾④未得其仿佛⑤，又复失其故步⑥，遂⑦匍匐⑧而归⑨耳。

（选自《汉书》）

关键字词

①邯郸：战国时赵国的都城。②步：行走，走路。③昔：从前。④曾：表示出乎意料，相当于"乃、竟"。⑤仿佛：大概。⑥故步：原来走路的步法。⑦遂：于是。⑧匍匐：爬行。⑨归：回来。

精彩解说

从前有个向邯郸人学习走路的人，不但没有学到邯郸人走路的技能，而且忘记了自己原来走路的步法，于是只好爬着回家了。

名师点睛

做人做事不能一味模仿他人，否则最后什么也学不到，反而把原来已经会的本事也丢了。

试一试

1. 判断下面说法是否正确。

　　（1）"又复失其故步"的"故"是"所以"的意思。（　　）

　　（2）文中"仿佛"的意思是"很像"。（　　）

2. 这个人最后"匍匐而归"的原因是（　　）。

　　A. 他忘记怎么走路了　　　B. 邯郸人就是这样走路

日积月累

与"邯郸学步"意思相近的成语还有鹦鹉学舌、东施效颦(pín)（见本书第103页）。意思相反的词有标新立异、另辟蹊(xī)径。

揠①苗助长

宋人有闵②其苗之不长而揠之者,芒芒然③归,谓其人④曰:"今日病⑤矣!予⑥助苗长矣!"其子趋⑦而往视之,苗则槁⑧矣。

(选自《孟子》)

关键字词

①揠：拔。②闵：忧虑。③芒芒然：疲惫不堪的样子。④谓其人：告诉他家里的人。⑤病：疲劳，精疲力尽。⑥予：我。⑦趋：快步走。⑧槁：草木干枯、枯萎。

精彩解说

宋国有个人忧虑他的禾苗长得不快，就拔高了禾苗，（他）疲劳不堪地回到家，对他的家里人说："今天太累了！我帮助禾苗长高了！"他儿子快步走到田里查看禾苗的情况，禾苗都枯萎了。

名师点睛

这个故事告诉我们，做事情要遵循事物的客观规律，不能违背这一规律，否则会适得其反。

试一试

1. 读句子，在画"/"的地方停顿一下。

   宋人/有闵其苗之不长/而揠之者。

2. "今日病矣"中"病"的意思是（　　）。

   A. 生病　　　　B. 劳累，疲乏

3. "其子趋而往视之"中"之"指的是（　　）。

   A. 他父亲　　　B. 禾苗

日积月累

　　孟子是战国时期的思想家、政治家、教育家，有"亚圣"之称，与孔子合称"孔孟"。

画龙点睛

张僧繇①于金陵②安乐寺，画四龙于壁，不点睛。每③曰："点之即飞去。"人以为诞④，因点其一。须臾⑤，雷电破壁⑥，一龙乘云上天。不点睛者皆⑦在。

（选自《历代名画记》，有改动）

关键字词

①张僧繇：南北朝时期著名画家。②金陵：今江苏省南京市。③每：常常。④以为诞：认为虚妄、荒唐。⑤须臾：一会儿。⑥破壁：击破墙壁。⑦皆：都。

精彩解说

张僧繇在金陵安乐寺墙壁上画了四条龙，但没有画眼睛。他常常说："点了眼睛龙就飞走了。"人们都认为很荒唐，（张僧繇）就点了其中一条龙的眼睛。一会儿，雷电击破墙壁，那条龙乘云飞上了天，没有点上眼睛的龙都还在。

名师点睛

"画龙点睛"比喻说话或做事关键部分处理得好，使整体效果更加传神。这则故事也启发我们，说话或写文章时，在关键处用一两句话点明主题，就可以使文章更生动形象。

试一试

1. 金陵安乐寺墙壁上的龙不点睛的原因是（　　）。

    A. "一龙乘云上天"　　　B. "点之即飞去"

    C. "不点睛者皆在"

2. "因点其一"中"因"的意思是（　　）。

    A. 因为　　　　　　　B. 于是，就

3. 张僧繇为什么"因点其一"？（用原文五个字回答）

日积月累

类似"画龙点睛"的成语还有：

一语道破　锦上添花　点石成金　点睛之笔

这些成语都是说，处理好关键部分能对全局起到提升作用。

画蛇添足

楚有祠①者，赐其舍人②卮酒③，舍人相谓④曰："数人饮之不足，一人饮之有余；请画地为蛇，先成者饮酒。"

一人蛇先成，引酒⑤且饮之，乃左手持卮，右手画蛇，曰："吾能为之足⑥。"未成，一人之蛇成，夺其卮曰："蛇固⑦无足，子安能⑧为之足？"遂⑨饮其酒。为蛇足者，终亡⑩其酒。

（选自《战国策》）

关键字词

①祠：祭祀。②舍人：门客，手下办事的人。③卮酒：一杯酒。卮，古代盛酒的容器。④相谓：互相商议。⑤引酒：拿起酒杯。⑥为之足：给它画上脚。为，作，这里指画上。⑦固：本来，原来。⑧安能：怎么能，哪能。⑨遂：于是。⑩亡：失去。

精彩解说

楚国有个主管祭祀的官员，赏给了门客一杯酒。门客们互相商量说："几个人喝这杯酒不够，一个人喝这杯酒才有剩余。请大家在地上画蛇，先画成的人喝酒。"

一个人先把蛇画好了，拿起酒杯准备饮酒，就左手拿着酒杯，右手画蛇，说："我能给蛇添上脚。"没等他画完，另一个人的蛇画成了，夺过他手中的酒说："蛇本来没有脚，你怎么能给它画上脚呢？"于是就把杯中的酒喝了。那个给蛇画脚的人最终失去了那杯酒。

名师点睛

"画蛇添足"这个故事告诉我们：无论做什么事情都要尊重客观事实，实事求是，不要多此一举，否则会弄巧成拙。

试一试

1. 给下面的"之"找到正确的解释，连线。

   吾能为之足　　　　　的

   一人饮之有余　　　　酒

   一人之蛇成　　　　　蛇

2. "子安能为之足"的意思是（　　）。

   A. 你不能给它画脚啊　　B. 你怎么能给它画脚呢

3. 你能用"画蛇添足"写一句话吗？

日积月累

　　"亡"在古文中有多个意思，常见的有丢失（"亡羊补牢"）、灭亡（"亡国之余"）、逃走（"今亡亦死"）等。

东施效颦①

西施②病心③而颦其里④,其里之丑人见而美之⑤,归亦捧心而颦其里。

其里之富人见之,坚闭门而不出;贫人见之,挈⑥妻子⑦而去⑧之走。彼知颦美,而不知颦之所以美。

(选自《庄子》)

关键字词

①颦：皱眉头。②西施：春秋时期越国的美女。③病心：心口痛。④里：乡里，村里。⑤美之：以之为美。⑥挈：本意是用手提着，此处是带领的意思。⑦妻子：妻子和孩子。⑧去：躲开，避开。

精彩解说

西施心口痛，所以捂着胸皱着眉头在村子里走，村里一个长得丑的人看见了（西施）觉得她这样很漂亮，回家后也捂着自己的心口在村子里走。

村里的富人见了她，紧紧地关着大门不出去；穷人见了她，带着妻儿躲着（她）跑开。（那个丑人）知道皱着眉头会很美，却不知道皱眉头为什么会美。

名师点睛

东施效颦的故事告诉我们一个道理：做任何事都要考虑客观条件，不能盲目地去模仿，如果一味地模仿别人，可能会适得其反。

试一试

1. 读一读,在画"/"的地方停顿一下。

   西施病心 / 而矉其里,其里之丑人 / 见而美之。

2. 文中"妻子"的意思是(　　)。

   A. 丈夫的配偶　　B. 妻子和孩子

3. 下面句子中加点的"之"是什么意思?请连线。

   其里之富人见之　　　西施

   贫人见之　　　　　捂着胸口的样子

   见而美之　　　　　的

日积月累

类似东施效颦的成语还有:

邯郸学步　亦步亦趋　鹦鹉学舌　画虎类犬

郑人买履①

郑人有且置履者,先自度②其足而置③之其坐。至之市④,而忘操之。已得履,乃曰:"吾忘持⑤度⑥。"反归取之。及反,市罢⑦,遂⑧不得履。

人曰:"何不试之以足?"

曰:"宁信度,无自信也。"

(选自《韩非子》)

关键字词

①履：鞋子。②度：量。③置：放。④之市：到了市场。⑤持：拿。⑥度：尺子，此处指量好的尺码。⑦罢：结束。⑧遂：于是。

精彩解说

有一个郑国人想要买鞋，他先用尺子量好了自己脚的尺码，然后把尺码放在他的座位上。等到了集市，他才发现忘了带量好的尺码。他已经挑好了鞋子，才说："我忘记带量好的尺码了。"于是返回家去取尺码。等到他返回集市的时候，集市已经散了，他最终没有买到鞋。

有人问他："为什么不用你的脚去试试鞋子的大小呢？"

他说："我宁可相信量好的尺码，也不相信自己的脚。"

名师点睛

"郑人买履"讽刺了因循守旧、固执己见，不懂得根据实际情况采取灵活对策的蠢人。这个故事启发我们，对待任何事都要从实际出发，懂得灵活变通、随机应变，不能墨守成规、死守教条，否则什么也做不成。

试一试

1. "宁信度,无自信也"中"自信"的意思是(　　　)。

   A. 自己的信心、信念　　B. 相信自己的脚

2. 文中有三处"度"字,分别是什么意思?

   ①先自度其足(　　)　　②吾忘持度(　　)

   ③宁信度(　　)

   A. 量　　　　　B. 量好的尺码

3. 你觉得郑人最可笑的一句话是什么?

   _____

日积月累

"何不试之以足"的正常语序应该是"何不以足试之",意思是为什么不用自己的脚去试鞋子呢?把"试之"放在前面,这叫作倒装句,是文言文中常见的一种特殊句式。

买椟①还珠

楚人有卖其珠于郑者，为木兰②之椟，薰以桂椒③，缀④以珠玉，饰以玫瑰⑤，辑⑥以翡翠，郑人买其椟而还其珠。此可谓善卖椟矣，未可谓善鬻⑦珠也。

（选自《韩非子》）

关键字词

①椟:盒子。②木兰:一种木纹很细的香木。③薰以桂椒:用桂和椒熏染。桂和椒都是香料。④缀:点缀,装饰。⑤玫瑰:美丽的玉石。⑥辑:连缀。⑦鬻:卖。

精彩解说

楚国有个商人在郑国卖珍珠。他用名贵的木兰雕了一只装宝珠的盒子,将盒子用桂椒调制的香料熏制,用珠玉点缀,用玫瑰玉石嵌饰,用翡翠镶边。有个郑国人把盒子买了去,却把盒子里面的珠子还给了他。这可以说,这个珠宝商人很善于卖盒子,而不善于卖珠宝吧。

名师点睛

郑国人的眼睛只盯着那只精美的盒子,却丢掉了真正有价值的珠宝。这启发我们,任何时候都不能只看外表,而忽略了本质,否则就会像"买椟还珠"的郑国人那样做出本末倒置的买卖。

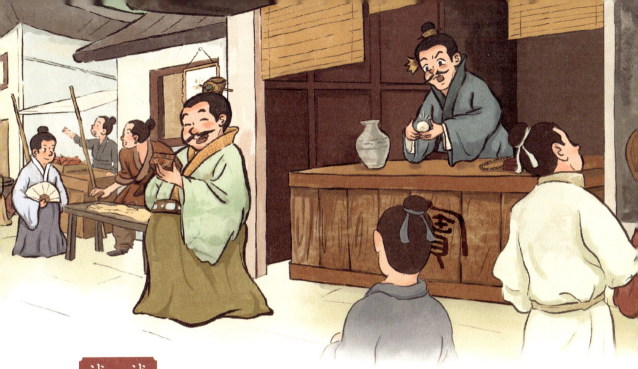

试一试

1. "郑人买其椟而还其珠"中"其"的意思是（　　）。

    A. 楚国人　　　　B. 那个

2. "此可谓善卖椟矣"中"此"指的是（　　）。

    A. 楚国人　　　　B. 郑国人

3. 翻译下面句子。

    此可谓善卖椟矣，未可谓善鬻珠也。

日积月累

"薰以桂椒，缀以珠玉，饰以玫瑰，辑以翡翠。"这四句都是倒装句，为状语后置，即"以桂椒薰""以珠玉缀""以玫瑰饰""以翡翠辑"，翻译时要注意。

齐人攫①金

昔齐人有欲②金者,清旦③衣冠④而之⑤市,适⑥鬻⑦金者之所⑧,因⑨攫其金而去。

吏捕得之,问曰:"人皆在焉,子攫人之金何⑩?"对曰:"取金之时,不见人,徒⑪见金。"

(选自《列子》)

关键字词

①攫:夺取。②欲:想要。③清旦:清早。④衣冠:本指衣服和帽子,在文中的意思是穿好衣服、戴好帽子,即打扮得整整齐齐。⑤之:到……去。⑥适:到。⑦鬻:卖。⑧之所:……的场所。之,的。所,场所。⑨因:趁机,于是。⑩何:为什么?⑪徒:只。

精彩解说

从前,齐国有一个人想要金子,他清早起来穿好衣服、戴好帽子,便去集市。到了卖金器的店铺,趁机抓起金子就逃走了。

差役把他抓获,审问他:"人们都在,你为什么抢人家的金子?"他说:"我拿金子的时候,看不见人,只看见金子。"

名师点睛

这个故事讽刺了那些利令智昏(因贪图利益而丧失理智,把什么都忘记了)、自欺欺人的人。同时也警示我们,不要因一时的鬼迷心窍而做出胆大妄为、自欺欺人的事情。

试一试

1. 朗读下面句子,在画"/"的地方稍微停顿一下。

   昔/齐人/有欲金者,清旦/衣冠/而之市。

2. 选择下面句中"之"的含义。

   A. 的。 B. 去,到。 C. 代词,指抢金子的人。

   (1)清旦衣冠而之市(　　) (2)适鬻金者之所(　　)

   (3)吏捕得之(　　)　　　 (4)子攫人之金何?(　　)

3. 下列哪个成语用来形容文中的齐人最恰当?(　　)

   A. 掩耳盗铃　　 B. 见利忘义　　 C. 利令智昏

日积月累

文言文中,有些词有多个不同的意思,叫作一词多义。比如"徒",在"徒见金"中是"只,仅仅"的意思,在"老大徒伤悲"中是"白白地、枉然"的意思,在"徒步"中是"步行"的意思。

刻舟求剑

楚人有涉①江者②，其剑自舟中坠于水，遽③契④其舟，曰："是吾剑之所从坠。"舟止，从其所契者入水求之。

舟已行矣⑤，而剑不行，求剑若⑥此⑦，不亦惑⑧乎⑨？

（选自《吕氏春秋》）

关键字词

①涉：渡。②者：……的人。③遽：急忙，立刻。④契：同"锲"，用刀刻（记号）。⑤矣：了。⑥若：像。⑦此：这样。⑧惑：愚蠢，糊涂。⑨乎：吗，语气词。

精彩解说

有一个渡江的楚国人，他的剑从船上掉到了水里。他急忙用刀在船舷上剑掉下去的地方做了记号，说："这是我的剑掉下去的地方。"船靠岸停了下来，这个楚国人从他刻记号的地方跳到水里找剑。

船已经向前行驶了，但是剑没有和船一起前进，像这样找剑，不是很糊涂吗？

名师点睛

这个故事告诉我们：事物总是在不断地发生变化，我们想问题、办事情，都应当考虑这种变化，如此才能找到解决问题的方法，如果死守教条，只会闹笑话。

试一试

1. 给下面两句中的"者"字选择正确的解释。

   （1）从其所契者入水求之（   ）　（2）楚人有涉江者（   ）

   A.……的地方　　　B.……的人

2. 指出下面加点字指代的内容。

   （1）从其所契者入水求之　　　　（   ）

   （2）其剑自舟中坠于水　　　　　（   ）

   A. 那个人　　　B. 剑

3. 这个人为什么找不到他的剑？（用原文8个字回答）

日积月累

"不亦惑乎？"（不是很糊涂吗？）是个比较委婉的反问句。类似的反问句还有"不亦乐乎？""不亦悲乎？"。

囫囵吞枣

客有曰:"梨益①齿而损②脾,枣益脾而损齿。"一呆弟子思久之,曰:"我食梨则嚼而不咽,不能伤我之脾;我食枣则吞而不嚼,不能伤我之齿。"狎者③曰:"你真是囫囵④吞却一个枣也。"遂绝倒⑤。

(选自《答许顺之书》)

关键字词

①益：有好处。②损：损伤。③狎者：开玩笑的人。④囫囵：完整，整个儿的。⑤绝倒：笑得前俯后仰。

精彩解说

有个客人说："吃梨子对牙齿有好处，对脾却有损伤；吃枣对脾有益处，对牙齿却有损害。"一个愚笨的人听了这话，思考了很久，说："我吃梨子的时候，只嚼不咽，它就不能损伤我的脾了；我吃枣的时候，只吞不嚼，它就不能损伤我的牙齿了。"有个喜欢开玩笑的人说："你真是将枣整个儿吞下去呀！"于是（大家）都笑得前俯后仰。

名师点睛

"囫囵吞枣"这个故事告诉我们：世间的事有利也有弊，做事情不能想当然，只看到有利的一面就不加思考地接受。似是而非的话语和行为，只能惹人耻笑。

试一试

1. "梨益齿而损脾"中"而"的意思是（　　　）。

   A. 而且　　　B. 却，但是

2. "遂绝倒"中"遂"的意思是（　　　）。

   A. 成功　　　B. 于是，就

3. 你觉得囫囵吞枣有哪些危害？

日积月累

文言文中有些地方会省略句子成分，比如"遂绝倒"省略了主语，在翻译时要把意思补全，此句的完整译文应当是：于是大家都笑得前俯后仰。这里就省略了"大家"，只有把意思补全，才能更好地表达原意。

滥①竽②充数

齐宣王使人吹竽,必三百人。南郭处士③请④为王吹竽,宣王说之⑤,廪⑥食⑦以数百人。宣王死,湣王立⑧,好一一听之,处士逃。

(选自《韩非子》)

关键字词

①滥:假的。②竽:一种吹奏乐器。③处士:没有官职的读书人。④请:请求。⑤说之:很高兴。"说"同"悦"。⑥廪:仓库。⑦食:用粮食供养。⑧立:继承王位。

精彩解说

齐宣王让人吹竽,一定要三百人合奏。南郭处士请求给齐宣王吹竽,宣王对此感到很高兴,给他和其他数百人一样的饮食供给。齐宣王去世后,齐湣王继承王位,他喜欢听乐师一个一个地为他演奏,南郭处士便逃走了。

名师点睛

这则寓言讽刺了无德无才、招摇撞骗的人,告诉人们要有真才实学。今天我们说某个人没有真本事,混在队伍里,也可以用"滥竽充数"这个成语。

试一试

1. 南郭处士为什么能混进乐师队伍里？（　　　）

    A. 因为齐宣王喜欢听他吹　　B. 因为齐宣王喜欢听合奏

2. 下列语句的翻译是否正确，正确的打"√"，错误的打"×"。

    （1）齐宣王使人吹竽，必三百人：齐宣王让人吹竽，一定要三百人一起吹。（　　）

    （2）宣王说之：宣王对南郭处士说。（　　）

3. "滥竽充数"可以用来讽刺什么样的人？（　　　）

    A. 学艺不精　　　　　　　B. 不懂装懂

日积月累

　　文言文中有通假现象，就是"通用、借代"的意思，用读音相同或者相近的字代替本字。比如"宣王说之"，"说"同"悦"，是喜悦、高兴的意思。

掩耳盗钟[1]

范氏之亡[2]也,百姓有得钟者。欲负而走,则[3]钟大不可负[4]。以椎[5]毁之,钟况然[6]有音。恐人闻之而夺己也,遽[7]掩其耳。恶[8]人闻之,可也;恶己自闻之,悖[9]矣!

（选自《吕氏春秋》）

关键字词

①钟：古代的打击乐器，形似一个大铃铛。②亡：逃亡。③则：但是。④负：用背驮东西。⑤椎：槌子或锤子。⑥况然：形容钟声。⑦遽：立刻。⑧恶：害怕。⑨悖：荒谬。

精彩解说

范氏逃亡的时候，百姓中有个人趁机偷了一口钟，想要背着它跑。但这口钟太大了，不好背，他就想用锤子把钟砸碎（以后再背）。（刚砸了一下）那口钟就"咣"地发出了很大的响声。（他）生怕别人听到钟声，来把钟夺走了，就急忙把自己的耳朵捂住。害怕别人听到钟声，这是可以理解的；但（捂住自己的耳朵）害怕自己听到，这就太荒谬了！

名师点睛

"掩耳盗钟"的故事告诉我们：做了坏事想让别人不知道是不可能的，做任何事情都不要自欺欺人。

> 试一试

1. 画出下面句子的朗读停顿。

   恐 人 闻 之 而 夺 己 也。

2. 偷钟的人为什么要"以椎毁之"？（用原文回答）

   _____

3. 下面句子中的"之"指的是什么？

   （1）以椎毁之（　　）　（2）恐人闻之而夺己也（　　）

   A．钟声　　　　　B．钟

4. 你能写出两个含有"掩"字的成语吗？

   （　　　　　）（　　　　　　）

> 日积月累

　　这则寓言也叫《掩耳盗铃》。在古代，钟和铃都曾是乐器，钟较大，逐渐被淘汰，小巧的铃却成了人们日常生活中的常见之物，"掩耳盗钟"也就逐渐演变成了"掩耳盗铃"。

田夫献曝①

昔者宋国有田夫，常衣缊黂②，仅以过冬。暨③春东作，自曝于日，不知天下之有广厦隩④室，绵纩⑤狐貉⑥。顾谓其妻曰："负日之暄⑦，人莫知者，以献吾君，将有重赏。"

（选自《列子》）

关键字词

①曝：晒。②衣缊黂：穿着麻絮衣。衣，这里做动词，穿着。缊，碎麻。③暨：及，到。④隩：同"奥"，深。⑤纩：絮衣服的新丝绵。⑥貉：一种动物，皮毛很珍贵。⑦暄：暖和。

精彩解说

从前，宋国有个农夫，常常披着破麻絮衣勉强熬过冬天。等到了春天，在东边的田里干活，他独自晒太阳，觉得很暖和。他压根儿不知道这世上还有高楼大厦、深宅大院、丝绵衣服和狐皮袍子。他回家对妻子说："人们还不知道晒太阳就会暖和，把晒太阳取暖的方法献给国君，一定会得到重赏。"

名师点睛

整日劳作的平民，不可能知道天底下除了他家的破旧茅屋、破麻絮衣，还有高楼深院、丝绵制成的华丽衣服。他想把晒太阳取暖这件事告诉国王而得到重赏，真是太滑稽了。这个故事也透露出一种辛酸的幽默。

试一试

1. "常衣缊黂，仅以过冬"表明农夫（　　　）。

   A. 节俭　　　B. 家贫

2. 请试着翻译下面这句话。

   以献吾君，将有重赏。

   _____

3. 你觉得农夫是个什么样的人？（　　　　）（多选）

   A. 善良　　　B. 没有见识　　　C. 痴心妄想

日积月累

后人常把"野人献曝""野人献芹"作为一种客套话，以表示自己的建议或礼物无甚珍贵、微不足道。

"试一试"参考答案

荷
2. 花 梗 叶 茎 荷

菊
1. 有的 2. 荷 清香扑鼻 掌 勺 白 红 粉

松
1. 兰 小草 2. ①②③④⑤
3. 松树结的松子能食用。

茶
1. 桃树 庭院 高数尺
2. （1）春季 （2）清香

桂
1. B 2. 其根 其果

杨柳
1. 黄 黑 白 2. × 3. 无心插柳柳成荫

芦花
1. 野外 菊花 秋 黄 西风 吹来 如蝶起舞

2. 白 梨 白 桃 粉

乡村
1. 竹篱 茅屋 杨柳 桃树 李树 飞燕 2. B

雨
1. 雾 云 明月
2. 纱 牛毛 烟

雪
1. 山林屋宇 一白无际 顿为银世界 2. 真奇观也

春日寻芳
1. 时/芳草鲜美，儿童/放纸鸢/于村外。
2. 放纸鸢 戏秋千 踏青

草长莺飞
1. 季春 2. 春暖花开 鸟语花香 桃红柳绿 万紫千红

苏堤杂花
2. 春季。因为西湖春季景色最美。

采菱
1. 小村旁　约十亩　塘水澄清　夏秋之间　2.A

采桑
1. ①　2.③④②①

猫捕鱼
1. ③①④②　2.B　3.猫想捕捉缸里的鱼，不小心掉进了水缸里，全身湿透，逃跑了。

母鸡
1. 与父母/之/爱子无异　2.尽力护之　3.B

龟兔竞走
1. 速——迟　眠——醒
2. （1）中道而眠　（2）努力不息
3. 做事情不能半途而废。

蚁斗
1.B　2.B　3.争强斗胜或争强好胜

鹦鹉
1. 有猫/缘柱而上，举爪/将攫之。
童子/闻声趋至，猫/急遁去。
2. B　3.惊呼曰："猫来猫来。"

萤
1.B　2.B

蟋蟀
1.B　2.二个仆人　二只狗　四座桥　五辆车　八匹马　十朵花
3. 蟋蟀是由翅振动发声的，而不是用口发声。

燕子
1. 旧巢破　不可居
2. 你　吾
　 我　汝
3. 见过，建在屋檐下。

狐假虎威
1.B　2.（1）A　（2）B　3.AB。

鹬蚌相争
1. 两者/不肯相舍，渔者/得而/并禽之。
2. 渔夫把它们一起捉住了。
3. （1）真后悔没早点松开嘴。
（2）真后悔没早点松开壳。
（3）一次抓俩，真是太开心了！

读书
1. 人/不读书,则与/禽兽何异？

2.A 3.不知读书。

学而时习之
1.（1）习之　说乎　（2）学而时习之　有朋自远方来
2.A

三人行必有我师
1.择其善者/而从之，其/不善者/而改之。2.B
3.三个人同行，其中必定有值得我学习的老师。

好问
1.B　2.B　3.B

书读千遍，其义自见
1.多诵遍数　2.云　3.诵

锲而不舍
1.驽马　2.B　3.驽马十驾　功在不舍

千里之行，始于足下
1.B　2.B　3.对比

岁寒三友
1.B　2.B　3.耐寒

莫如树人
1.不如　2.B　3.一树百获

勤训
1.一日之计/在于晨，一岁之计/在于春，一生之计/在于勤。
2.B　3.B

曹冲称象
1.（1）都　（2）高兴　2.A
3.A

孔融让梨
1.我小儿，法当取小者。　2.B
3.孔融会说："我是哥哥，应当把大的梨让给弟弟。"

望梅止渴
1.B　2.B　3.B

老马识途
1.管仲、隰朋/从于桓公/而伐孤竹。
2.B　3.老当益壮　老生常谈　老态龙钟

程门立雪
1.B　2.B　3.尊重老师、虚心求教的人。

邯郸学步
1.（1）×　（2）×　2.A

揠苗助长
2.B 3.B

画龙点睛
1.B 2.B 3.点之即飞去

画蛇添足
1. 吾能为之足 —— 的
   一人饮之有余 —— 酒
   一人之蛇成 —— 蛇

2.B 3.示例：这道题已经答得很完美了,你就不用画蛇添足了。

东施效颦
2.B

3. 其里之富人见之 —— 西施
   贫人见之 —— 捂着胸口的样子
   见而美之 —— 的

郑人买履
1.B 2.①A ②B ③B
3. 宁信度,无自信也。

买椟还珠
1.A 2.A 3.这可以说,这个珠宝商人很善于卖盒子,而不善于卖珠宝吧。

齐人攫金
2.（1）B （2）A （3）C （4）A
3.C

刻舟求剑
1.（1）A （2）B 2.（1）B （2）A
3. 舟已行矣,而剑不行。

囫囵吞枣
1.B 2.B
3. 不仅对身体无益,还可能会发生危险。

滥竽充数
1.B 2.（1）√ （2）× 3.B

掩耳盗钟
1. 恐/人闻之/而夺己也。 2.钟大不可负。 3.（1）B （2）A
4. 水来土掩 瑕不掩瑜

田夫献曝
1.B 2.用来献给国君,将会得到重赏。 3.AB